D0460917

Vamos a CUBA

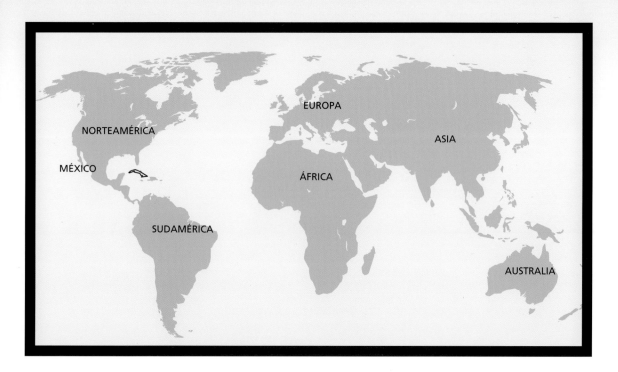

EUROPA

NORTEAMÉRICA

ASIA

MÉXICO

ÁFRICA

SUDAMÉRICA

AUSTRALIA

Alta Schreier

Heinemann Library
Chicago, Illinois

© 2001 Reed Educational & Professional Publishing
Published by Heinemann Library,
an imprint of Reed Educational & Professional Publishing,
Chicago, IL
Customer Service 888-454-2279
Visit our website at www.heinemannlibrary.com

Designed by Ann Tomasic
Printed in Hong Kong

05 04 03 02 01
10 9 8 7 6 5 4 3 2

Library of Congress Cataloging-in-Publication Data

Schreier, Alta, 1950-
    [Cuba. Spanish]
    Cuba / Alta Schreier.
       p.cm. – (Vamos a)
    Includes bibliographical references and index.
    Summary: An introduction to the land, culture, and people of Cuba.
    ISBN 1-57572-384-0 (library binding)
1. Cuba—Description and travel—Juvenile literature. [1. Cuba. 2. Spanish language
  materials.] I. Title. II. Visit to.

F1765.3 .G5518 2000
972.91—dc21
                                                          00-028133

Acknowledgments
The publishers would like to thank the following for permission to reproduce photographs:
Corbis/Jeremy Horner, pp. 5, 8, 10, 13, 14; Corbis/Richard Bickel, pp. 6, 11, 19, 20; Corbis/Bill Gentile, pp. 16, 17,
22; Corbis/Tim Page, pp. 18, 25; Corbis/Jan Butchofsky-Houser, p. 15, 29; Corbis/Jon Spaull, p. 21; Corbis/Owen
Franken, p. 23; Corbis/Wally McNamee, p. 24; Corbis/Robert van cer Hilst, p. 27; Corbis/Daniel Laine, pp. 26, 28;
Eye Ubiquitous/Corbis/James Davis, p. 9; Aurora/PictureQuest/Jose Azel, p. 7; Magnum/PictureQuest/Thomas
Hoepker, p. 12

Cover photograph reproduced with permission of Corbis/Bill Gentile.

Every effort has been made to contact copyright holders of any material reproduced in this book. Any
omissions will be rectified in subsequent printings if notice is given to the publisher.

Encontrarás unas palabras en negrita, **así**. Busca
el significado de esas palabras en el glosario.

Contenido

Cuba

Cuba es un país situado en el **mar Caribe,** al sur de la Florida. Está formado por una isla grande y varias islas pequeñas.

La gente de Cuba come, trabaja y estudia como tú. Pero en Cuba hay cosas **únicas**.

Cómo es

Cuba tiene **llanuras** donde se siembran alimentos. También tiene playas y **arrecifes de coral**. En Cuba hace calor.

En Cuba también hay montañas. Las montañas están cubiertas de bosques.

La **capital** de Cuba es La Habana. El Capitolio de La Habana y el de los Estados Unidos, en Washington, D.C., se parecen.

El castillo de El Morro es un fuerte construido por españoles hace 400 años. Lo construyeron para **proteger** la ciudad de los piratas.

Casas

La mayoría de los cubanos vive en ciudades. Las ciudades tienen mucha gente, así que muchas familias viven en edificios de apartamentos. También hay edificios antiguos muy lindos y edificios nuevos.

En el campo, las casas son sencillas.
Se construyen con troncos de **palmas.**
Los techos son de hojas de palma o de paja.

Comida

El arroz blanco es la comida más común de Cuba. Se come con frijoles negros. El arroz con pollo es otro plato favorito.

En Cuba se dan muchas frutas. El plátano, la piña, la naranja y el mango son de las favoritas. También se come la raíz de la **yuca**.

Ropa

Los cubanos visten ropa de tierra caliente.
Los niños y las niñas se ponen shorts y
camisetas.

Para las celebraciones, los señores se ponen
pantalón y camisa blancos. Las señoras se
ponen vestidos de colores con volantes.

Trabajo

Hay fábricas donde se hacen tabacos o azúcar. También hay fábricas donde se hacen ropa, zapatos, papel y herramientas para el campo.

En el campo, hay grandes fincas. Se siembra
caña de azúcar y tabaco. También hay
fincas donde se siembran verduras, como
lechuga, cebolla y zanahoria.

Transporte

En Cuba no hay muchos carros. En las ciudades, se ven carros viejos de los Estados Unidos. Mucha gente viaja en guagua.

En los caminos del campo, se usan carretas tiradas por animales. Los animales también aran la tierra.

Idioma

El español es el idioma principal de Cuba.
Eso se debe a que España mandó gente
a **colonizar** la isla.

Las letras del español y del inglés son parecidas, aunque el español tiene unas cuantas letras más.

Educación

Los niños estudian en la escuela de los cinco a los catorce años. Las escuelas tienen uniforme. Los niños pequeños tienen uniforme de un color y los mayores de otro color.

En la escuela, los niños estudian matemáticas, lectura e historia. Todos los estudiantes hacen algún trabajo durante el día escolar. Unos trabajan en huertos. Los mayores trabajan en fábricas.

Diversiones

El béisbol es el deporte nacional de Cuba. Cuba ganó la medalla de oro de béisbol en las **Olimpiadas** de 1996.

La gente va a las playas a nadar, a bucear y a pescar. Se hacen carreras de botes de remo y de botes de vela.

Celebraciones

La mayor celebración de Cuba es
el carnaval. Se celebra el 26 de julio.
En el carnaval se baila y se canta.

A Cuba llegaron católicos. También llegaron africanos. Por eso las celebraciones cubanas son una mezcla de creencias africanas y católicas.

Artes

La música cubana mezcla ritmos de África y de España. Se toca con guitarras, tambores y maracas hechas de **calabazas**. La música cubana se oye y se baila en todo el mundo.

En un valle de Cuba, hay unas grandes
pinturas pintadas a color en piedras
y en cuevas. Las pintaron los habitantes
de Cuba hace unos mil años.

Datos

Nombre	El nombre completo de Cuba es República de Cuba.
Capital	La capital es La Habana.
Idioma	Se habla español.
Población	Cuba tiene unos once millones de habitantes.
Moneda	La moneda es el peso.
Religión	La religión más común es la católica, pero se practican creencias de África occidental.
Productos	El azúcar es el producto más importante de Cuba, pero también vende a otros países tabaco y un metal llamado níquel.

También se dice...

apartamento	departamento
calabaza	guaje
escuela	colegio
finca	rancho
guagua	autobús, bus, camión
palma	palmera
plátano	banano, guineo

Glosario

arrecife de coral	formación rocosa formada por el esqueleto de los corales en el mar
calabaza	fruto grande de cáscara dura que se seca para hacer tazas, platos e instrumentos musicales
caña de azúcar	planta de la que se saca el azúcar
capital	ciudad importante que es el centro de gobierno
colonizar	establecerse en un país y gobernarlo
mar Caribe	mar al sur de la Florida; es parte del océano Atlántico y queda entre Norteamérica, Centroamérica y Sudamérica
llanura	tierra plana cubierta de pastos
Olimpiadas	competencia internacional de deportes que se realiza cada cuatro años
palma	árbol sin ramas de hojas grandes en la punta que crece en los climas cálidos
proteger	defender
único	diferente y especial
yuca	planta de la que se come la raíz

Índice

Más libros para leer

Dahl, Michael S. *Cuba*. Danbury, Conn.: Children's Press, 1998.

Mara, William P. *Cuba*. Mankato, Minn.: Capstone Press, Inc., 1998.

Staub, Frank J. *Children of Cuba*. Minneapolis: Lerner Publishing Group, 1996. An older reader can help you with this book.